JN410046

달맞이 꽃동네

김상락 시집

달맞이 꽃동네

인쇄| 2018년 6월 10일
발행| 2018년 6월 15일

글쓴이|김상락
펴낸이|장호병
펴낸곳|북랜드
06252 서울 강남구 강남대로 320 황화빌딩 1108호
대표전화 (02) 732-4574 | (053) 252-9114
팩시밀리 (02) 734-4574 | (053) 252-9334

등록일| 1999년 11월 11일
등록번호| 제13-615호
홈페이지| www.bookland.co.kr
이-메일| bookland@hanmail.net

책임편집| 김상락
교 열| 배성숙 전은경

ISBN 978-89-7787-793-1 03810

값 10,000 원

김상락 시집

달맞이 꽃동네

북랜드

■ 첫 시집을 내면서

너무나 어렵고 힘든 시대적 배경과 가난을 겪으며 성장했기 때문에 나의 시상詩想과 시혼詩魂은 그 힘들었던 시대의 범주를 벗어나지 못한 것이 많다.

감수성이 가장 예민했던 초등학교와 중학생 시절은 일제 말기와 한국전쟁이 일어날 즈음이었다. 태평양전쟁에 패망 직전인 일본이 최후 발악을 하며 그들의 우리나라에 대한 착취와 탄압은 극에 달하였다. 우리 국민들의 생활은 한없이 가난하고 어려웠으며 절량이 된 보릿고개를 넘지 못하고 죽는 사람도 많던 때에 청소년 시기를 보냈다.

나라 잃은 힘없는 민족의 서러움을 겪었고, 특히 가난에 시달리며 고생하시던 어머님에 대한 회상이 작품 중에 나도 모르게 많이 나타난다.

40년 교직 생활을 하며, 마음만 있었을 뿐 시작詩作 활동을 못 하다가 퇴직을 하고 여유로운 시간이 많아짐에 따라, 관심을 갖고 공부도 하고 시도 썼으나 너무 늦은 감이 들며 작품의 대부분이 습작품이고 감명을 줄 수 있는 좋은 작품이 못 되는 듯하다.

그러나 시를 쓰는 나의 생각과 마음은 내 일생 뼛속 깊이 사무친 못 잊을 삶의 편린이며, 하소연이라도 하고 싶은 일들이라 서투른 습작품이라도 한 권의 책으로 남기고 싶은 만용에서 첫 시집을 발간한다.

많은 사랑과 격려 있으시길 바란다.

2018년 5월

저자 김 상 락

차례

1 포곡조 布穀鳥

2 검정고무신

3 어매 생각

4 봉춘노심逢春老心

1

포곡조布穀鳥

죽굴도* 노부부

보이는 건
하늘과 바다
진종일 파도는
해변을 들이받고
물러섰다 또 덤비며
거품을 물고 부서진다
끼룩거리는 갈매기
그놈이 그래도 정다운 친구

네안데르탈 가족이
풀 가리고 살 때처럼
늙은 부부 두 집이
죽굴도 작은 동산에서
아이들처럼 살고 있다.

오늘은
바위틈에서
다시마 미역 청각이랑

해초를 뜯다가
덕둥이 한 놈 잡아
웃으며 돌아왔다.

바다에서 올라와
바다로 들어가는
해와 달을
작은 집
창문으로 바라보며
사랑스럽게 살고 있다.

* 전남 완도군 노화읍에 있는 섬, 두 가구 네 명의 노부부가 살고 있다.

엄마 게蟹의 눈

엄마 게의 눈으로
적폐 청산한다면
쌓이는 적폐를
어이하려나!

조선 구 대 성종 이후
사대사화 적폐청산
옆으로 가는 제 허물 모르고
옆으로 가는 자식 꾸짖다
되놈 추장 앞에 왕이 무릎 꿇고
섬 도둑들에게 짓밟히며
하늘은 뒤집히고
백성은 지옥에 빠졌던
그 일을 모를 쏜가

어미 게들의 세력 싸움에
버려진 붉은 게
잡아먹히고
밟혀 죽고 맞아 죽어도

영원히 살아야 할
바다를 향해
멈추지 않고 달린다
오천만의 붉은 게
두 눈 부릅뜨고
일억의 눈망울이 살핀다
쌓이는 적폐…

단풍을 보며

시퍼런 젊음을
마음껏 일렁이며
사랑도 주고
풍요도 주더니
어느새 지는 꽃 되어
그리움 남겨놓고
우수수 떠나는
그대의 매잡이
아름답고 성스럽다.

금방金榜에 이름 걸고
어사화 흔들며
꽃가마 탔던 그대
넘치도록 노니다가
두부 먹는 처량함
꽃이 되어 그리움 남기고
아름답게 떠나는
단풍의 그 행정行程
볼만도 하건만…

누룽지의 환상

큰아들 가족들과
야외 나들이를 갔다가
휴게소에 들러
소변을 보고
지역 특산농산물 전시실에서
누룽지를 보니
어릴 때 생각이 나서
한 봉지 샀다.

손자들에게
옛날 얘기하며 주었더니
며느리가
아버님 그것은
'죽 끓여 먹는 누룽집니다'라고 했다.

누룽지에
어머님 환상을 보며
반가운 마음으로
덥석 샀더니
그 누룽지가 아니라네.

강아지의 슬픔

아이들은
뛰면서 자라고
강아지는
뒹굴며 행복하다.

업고 안고
목줄 매인
자유 잃은 신세 되어
그리운 님 보아도
사랑 한 번 못 하고
아주 싫은 성추행에
살맛이 없어진다.

털옷 입은 몸에다
사람 옷 입혀 놓아
괴롭고 힘든 사정
말 못 하고 견디며
노리개가 되다가

슬픈 일생
짧게 마친다.

그것도
사랑인가.

목화

살아선
순박한 시골 처녀
명*꽃
죽어선
푹신한 엄마꽃
명송이

엄마의 솜옷
그 사랑 입고
뛰고
뒹굴며 컸지요.

엄마의 솜이불
그 사랑 덮고
신기한 꿈나라를
날았습니다.

오늘밤

유달리 밝은 저 별
우리 엄마시지요?
절 받으십시오.

* 명은 목화의 경상도 사투리

포곡조布穀鳥

뻐국
뻐국
뻑뻐국
이 산 저 산 쏘다니며
풋보리 익었다고
소리치던 포곡조

얼마나 고맙고
반가운 소리던가
풀뿌리 솔 껍질로
목숨을 붙들었던
나라 뺏긴 백성들

고비고비 힘든 고개
보릿고개 넘던 눈물
서럽고 서러움 중
배고픈 서러움을
목숨을 헐떡이며

하늘 보고 있을 때
포곡조 너 울음은
생명의 소리였다.

들국화

가을바람 서늘 터니
들국화 웃고 있다
풍성한 들길 섶에.

잠든 남편
잠 깨울까
소리 없이 정리하고
아이들 잠재운 뒤
품에 안긴 아내처럼
정숙한 구절초.

귀엽게 어루만진
꽃처럼 곱던 사랑
흔들리는 갈꽃 되어
세월 저편에서
들국화로 웃네요.

천사들의 웃음소리

저 멀리 가물대는
안개 속에 던져진
내 슬픈 어린 시절
아쉽고 안타까워.

창 너머 꽃 숲속
놀이터에서
티 없이 조잘거리며
뛰고 노는 천사들.

그 웃음 하도 좋아
나도 뛰고 즐거워
잃어버린 옛날을
천사들과 즐긴다.

빈 둥지

아침에 집 앞에서
까치가 인사하면
반가운 손 오신다고
길조라 반겼다.

봄이면
시끄럽게 짝을 짓고
고샅 집 뒤꼍의
커다란 회나무에
아래위 텃새 하며
분주히 둥지 틀고
번갈아 드나들며
새끼를 쳤다.

해마다 있는 일이라
아무도 관심 없이
어른들은 들일하고
아이들은 학교 가고

철 따라 놀다 보면
봄 가고 여름 가고
대대로 살던 고향.

언젠가 마을에
아기 울음 그치고
저승 같은 빈집만
하나둘 늘어나
봄 되어도 조용한
늙은 회나무는
주인 없이 쓸쓸한
빈 둥지만 안고 있다.

달맞이 꽃동네

큰 키에
긴 목 쳐들고
노란 꽃잎 하늘거리며
달 보고 웃는 꽃.

산비탈 한가득
달맞이 꽃동네
하얀 달빛 아래
노랗게 웃고 있다.

낮 더위에 시달린 아이들
달빛 아래 신이 나
골목길을 분주히 까막놀이하면서
밤 가는 줄 모른다.

어른들 뒷짐 지고
방천 둑에 모여서
건너편 달맞이 꽃동네 보며
농사 얘기 끝이 없다.

뒤꼍에서 길쌈하던
엄마와 누나는
삶은 감자 자시면서
달빛 아래 아름다운
달맞이 꽃동네를
울 너머로 멀리 보며
평화롭게 웃는다.

낮달

음력
시월 기망

서천
망일봉 위에
말간 낮달이
항아姮娥*인 듯
내려다보고 있다.

흰색 무명저고리에
검정 치마 입고
따비 끈 입에 물고
물동이 인 누나

마당에 들어서면
활짝 핀
산벚꽃처럼
온 집이 환했다.

가난도
엄숙함도
다소곳이 삼키시며
청아한 낮달처럼
웃어주시던
누나가 그립다.

* 달에 산다고 하는 선녀

우리 역사 꼭 알아야 한다

같은
말을 하면서
같은
글자를 쓰면서
같은
전통을 누리면서
같은
씨족이 되어
반만 년
길게 뻗어온 핏줄

때로는
싸우고 죽이고
때로는
속이고 미워해도
법이 있어
바로잡아 주었다.

그러나
씨 갈래가 다르면

거기에는 법이 없고
힘만 있을 뿐
싸움이 벌어지면
죽음이 있을 뿐

나라를 잃었던
지난날 우리
얼마나 빼앗기고
얼마나 매 맞고
얼마나 죽었더냐
부끄럽고 슬픈 역사
그래서 우리 역사 알아야 한다.

놈들이 저지른 죄
용서는 하되
잊지는 말아야지
우리 역사
꼭
꼭
알아야 한다.

동짓날

오늘은
어머님이
매우 바쁘신 날

팥 삶아 으깨어
체로 받쳐 팥물 내리고
찹쌀가루 반죽해서
작은 새알
용 새알
옹기종기 만들어
약한 불로 천천히
팥죽을 쑤시는 날

그리고
어머님은
경건한 자세로
머리 손질하시고
청결한 흰옷 차림으로
잘 닦은 놋그릇에
가득 담은 팥죽을

성주단지 앞에
조심조심 올리시고
단정히 꿇어앉아
두 손을 비비신다.

수없이 비비시는
두 손 속에는
가족을 사랑하는
어머님의 정성이
팥죽처럼
붉게 뜨겁게 녹아
성주님께 드리는
기원이 들어있다.

어머님의 원력
위대한 힘은
전통이 되고
역사가 되어
오늘도 이렇게
팥죽을 먹습니다.

사람을 만나 사람이 됐다

엄마 찾아 헤매다
길을 잃어서

소를 만나 소 울에서
같이 살았고
돼지 만나 돼지 울에서
같이 살았고
개를 만나 개 울에서
같이 살았다.

40년을
울에서
같이 살면서
엄마 만날 꿈을 꾸며
맘 편하게 살았다.

어느 날 찾아온
빛을 안은 사람이

울에서 역한 냄새
씻어 주시고
자나 깨나 그리웠던
나의 엄마를
지척에서 만났으니
행복합니다.

짐승으로 대접받은
짐승의 시간
사람 만나
사람 되어
고맙습니다.*

* 2016. 7. 23. 중앙일보 정신박약아가 엄마 찾다 길을 잃고, 남의 집을 40년을 헤매다 중앙일보 기자의 도움으로 엄마를 찾은 기사 인용

인생살이 별거 있나

요즘 어떻게 지내나!

졸리면 잠자고
배고프면 주워 먹고
똥 싸고
오줌 싸고
할 일 없으면
걷지

그것도 사는 거냐?

사는 것이 별거더냐!
바쁘면 바쁜 대로
한가하면 한가한 대로
있으면 있는 대로
없으면 없는 대로
형편에 알맞도록
웃으며 사는 거지
인생살이 별거 있나

즐겁게 살면 되지.

엄마 냄새

엄마는
무척
가난한 세월을
살고 가셨지요
그래도
우리 육 남매는
엄마 냄새 맡으며
배고픈 줄 모르고
이렇게 컸습니다.

언제나 보고 계실
엄마가 그립습니다.

스물여섯
젊은 아들
충수염으로 떠날 때
당신의
부릅뜬 눈은

사자使者를 내리쳐
단지斷指를 하셨지요
그러나
그 자식은
엄마 손가락을
물고 떠났지요.
천사의 분노와
통곡 소리에
짙은
엄마 냄새를 맡았습니다.

언제나 보고 계실
엄마가 그립습니다.

가도가도 끝이 없는
엄마의 짙은 냄새
백발이 되고 보니
더더욱 짙어

그 사랑
진정
추원감모追遠感慕
호천망극昊天罔極
이오이다.

언제나 보고 계실
엄마가 그립습니다.

백목련

세한歲寒 추위
엄청 매워
창문을 꼭꼭 닫고
외온 봄 원망하며
입춘방立春榜 크게 썼다.

문을 열고
밖을 보니
자는 듯한 목련 가지에
춘신春信이 움직였다.

천기天氣의 운행運行이
참되고 성실하여
군자君子
이를 본받아
자강불식自强不息 하거늘

봄이 와도 아닌 봄이

살을 에는 찬바람에
벌거벗은 목련 나무
가지가지마다
꽃등을 밝혔으니
그대 정녕
군자君子이어라
천기天氣를 순행順行하는….

어이 또 만나세

혼밥 먹고 설거지하고
세수하고 화장하고
서둘러 행장 갖춰
복지관 들어서면
좋은 자리 터 잡고
기다리는 여인들
탁구 치고 게이트볼 치며
웃다 보면 어두워

어이 또 만나세.

혼잠 자고 이불 개고
방 쓸고 신문 보고
서둘러 전화하고
공원벤치 찾아가면
왕년의 인물들
정계의 도둑놈들
세상사 괘씸한 얘기
끝 못 맺고

어이 또 만나세.

늙은이 세상살이
예와는 많이 달라
집안에 어른 없고
사회에 나이순 없어
노인 대접 바라지 말고
어른답게 살다 가세
고목에 꽃이 피면
더더욱 아름답지

어이 또 만나세.

장미와 감꽃

흐드러지게 핀 줄장미가
길게 뻗은 아파트 담을 짚고
참으로 복스럽고 아름다운 여인처럼
길손들에게 웃음을 보낸다.

보고 즐겨야지
덥석 안으면
가시에 찔려 상처를 입는다
머지않아
시들어 떨어지면
꽃자리가
텅 비어서
지고 나면 잊어버리는
꽃이었을 뿐이야

감꽃은
향기도 없고
모양도 별로야
그래도
먹으면
맛있고

배불러

지고 난 꽃자리엔
눈망울도 영리한
자손이 자라고 있어
엄마 꽃이야

아름다운 엄마 꽃
감꽃
엄마가 그리워
불러봅니다
부르고
또 부르면
목이 메고
백발이 되어도
흐르는 눈물
어이 하오리까
엄마
그리운 이 마음을
감꽃으로 배 채우던
그때를 못 잊습니다.

파리 한 마리

금호강 물빛이 좋고
꽃밭 등 기슭 따라 우거진
왕버들 사이로 올레길이 생겨
봄바람 즐기며 올라가다가
쉼터에서 또래의 사람들을 만났다.

서로 반갑게 얘기가 즐거운데
유독 한 사람이
평생 야당 사위 자랑하며
세상이 바뀌며 살판났노라고
오징어 안주 펼쳐놓고 술잔을 돌렸다.

그때
파리 한 마리가
안주 위에 앉아 앞발을 비볐다
몇 번을 쫓아도 초지일관이다.
딱
죽고 말았다
그거 참 파리 목숨이구나
조심해야지.

2

검정고무신

엄마의 평화

엄마의 평화는
아기 냄새다
배릿하고
보드라운
젖 냄새

엄마의 평화는
젖 빠는 아기의
파닥거리는
웃음소리다
잘 크거든
물호박처럼

엄마의 평화는
잠자는 아기의
숨소리다
즐겁고 행복한
엄마 시간이거든

검정고무신

마을 앞 도랑에서
신나게 휘몰아 잡은
피라미 한 마리.

검정고무신에 담아
자랑스럽게
엄마 부르며
집에 갔다가.

벼락같은
엄마 꾸지람에
쫓겨났던
그 시절.

울컥 눈시울이 뜨거운
그리움의
세월이었네!

비나이다 성모님

당신은
하늘을 낳았지만
저는
집을 잃었습니다.

당신은
영생을 낳았지만
저는
오늘을 잃었습니다.

당신은
길을 낳았지만
저는
방향을 잃었습니다.

당신에게는
티끌 하나만 한 작은 것이지만
저에게는

그것이 전부입니다.

비나이다 성모님
그분의 이름으로
잃은 것 찾아 주십시오. 아멘.

스마트폰과 나

하도 영리하고
같이 놀기 좋아서
별생각 없이
전화 주고받고
사진과 카톡 교환하며
문자 보내고
날씨 시간 확인하는 정도였는데

어느 날
폰이 가뭇 없어졌어
심산유곡에 혼자 남은 심정이었다
있을 때는 몰랐는데
없고 보니
적막강산이야
폰은
나의 분신이었다

해탈한 심정

내 일생 살아오며
폰처럼
절실히 있어야 했던 것을
잊어버리고
지나친 것은 없었는지….

반죽斑竹

님을 잃은
두 왕비*의 피눈물은
영세의 한을
반죽으로 남겼다.

촛불에 사로잡혀
봉황의 꿈 빼앗기고
수갑 찬 저 여인은
영세의 한을
무엇으로 남기려나.

엄마의 거룩함도
아버지의 위대함도
그대의 정직함도
"내 탓이오 내 탓이요
 내 큰 탓이로소이다"
기도하시고.

정직한 그 이름
청사에 남기시오.

* 순 임금의 두 왕비 아황과 여영, 순 임금이 죽은 소양강 대나무 밭에서 순 임금을 찾으며 흘린 피눈물이 대나무에 묻어 무늬가 된 것이 소상반죽瀟湘斑竹이 되었다는 전설.

헌신獻身

겨울은 싸야 하고
여름은 벗어야 해서
반은 벗은 채로
한더위를 이기려고
가람봉 숲속을
허위적 오르다가
중생이 즐겁게
식사하는 모습을 봤다.

어쩌다 목숨을 잃은
두더지 한 마리를
한 치의 양보 없이
벌 떼와 왕개미 떼는
물어뜯고
똥파리 떼들은
빨아서
잠시 동안에 식사를 끝내고
앙상하게 남은

뼈 위에
나비 한 마리가
남은 살을 빨고 있었다
중생을 위한
거룩한 헌신이었다.

눈앞에
쇠파리 떼가
귀찮도록 덤볐다
살아있는 내 살을
죽은
두더지처럼 빨려고.

창로蒼鷺 백로白鷺

동화천 다리 밑에
창로 백로 두 마리가
긴 목 쳐들고
조각처럼 서 있다.

창로는
긴 다리 하나로
먼 하늘 보고 섰고
백로는
두 다리를 버티고 서서
앞을 조용히 보고 있다.

아마도 창로는
식사가 끝났고
백로는 식사를
해야 할 모양이다.

저리도 여유롭게
살고 있는 창백로
너를 보는 내 마음도
물 따라 여유롭다.

자성自省

걸어온 길
돌아보니
후회로움 많았고

가야 할 길
바라보니
더 많은 해야 할 일

아쉬운
맘 달래면서
등고자비登高自卑
해야지.

길에서 만난 사람들

놓고
버리고
텅 빈
마음만 잡고
너를 섬기는 길에서 만난
털 없는 사람들

내 싫은 일
남도 싫어
참되고敬
성실함을誠
실천하는 길에서 만난
털 많은 사람들

당신의
피조물
나는
이웃을 내 몸같이

사랑하는 길에서 만난
말 많은 사람들

길에서 만난 사람들
우리 모두
사랑하며 살라네.

인품人品

입이 없어
　말 못 하나
아니어서
　다물고 있지

나온 말
　번지는 게
물에 퍼지는
　색소 같아

말씨가
　인품이거늘

지켜야 한다
　병처럼

지하철 풍경

언제나
철철 넘친다 사람들이

떡 벌이
남자
척 걸이
여자
매달려
살피는 사람
앉아서
조는 노인

그리고
모두가
조용하다
폰에 빠져서

낭패로다
대화가 없어요
정이 없어요.

큰형님

천 년이고
만 년이고
고향을 지키실 줄 알았던
높고 크신
큰형님

이제
괭이를 놓으시고
허리를 펴시지요.

형님이 맡기신 신주
그 사랑 무게는
갈수록 커지네요.

시오리 오일장에
빠짐없이 가시는 날
소금안주
막걸리 몇 잔에
거나해 넘으시던
백골제 명당에 계신
큰형님이 그립습니다.

내 딸 도미니카 수녀를 보며

속세의 촛불 꺼버린
해맑은 꽃송이 수도복 베일에 감추고
성모님과 함께
주님의 포도밭 가꾸는 일꾼이 된
도미니카 수녀님

그렇게도 즐겁고
웃을 일이 많으신지
낯선 곳에서 온
평화의 사도 같아서
그저 포근한 사랑을 느끼는구나

가장 낮은 곳에서
나를 바쳐 사랑을 찾는
너의 높고 큰 삶의 뜻을
어렴풋이 느끼며
거룩함보다는 연민이 앞선다
아빠는 속세에 살아서…

성모님 상 앞에서

서양 사람같이 생겼네요
쪽지고 한복 입은
우리 어머님 아니시네요
그러나
어린 예수님을
안고 계신 그 모습은
영락없는
우리 어머님이시네요.

어머님은 자식들에게
안 되는 일 없으신 사랑이지요.

울면 달래주시고
배고프면 젖 주시고
칭얼대면 놀아주시고
내가 뛰면 같이 뛰시고
내가 웃으면 같이 웃어주시며
당신보다 자식 먼저

사랑으로 키워주신
우리 성모님
사랑합니다.

맨날
칭얼대기만 해서
죄송합니다.
그래도 어쩝니까
성모님 아니고는
칭얼댈 곳이 없는걸요.

우리 같이 가봅시다 그곳으로

— 아내에게

한없이 여유롭고
무성하고 풍성한
짙푸른 팔월

별들이 반짝이는
푸른 언덕으로
여보 우리
소 몰고
가봅시다
그곳으로.
꿈을 안고 주먹 쥐고
힘들고 어려운 길
머얼리 왔지 않소

해 뜨면 밭일하고
해 지면 길쌈하며
부모 형제 같이 살다
족두리 쓰고

님을 만나
선녀처럼 살았던
그
푸른 언덕이
저기 멀리
보이는 듯합니다

우리 같이 가봅시다.

밤송이

진달래꽃 산을 태우고
포곡조 이 산 저 산
밭일 재촉할 때

긴 꽃대 드리우고
향기 품어서
벌 나비 축하 받으며
잉태했다 삼돌이를

엄마의 뜨거운 사랑
가시로 울을 치고
뇌성벽력
비바람 몰아쳐도
너만은 안전하게
지키고 키워왔다

하늘 높고 물 맑으며
오곡이 풍성하여

살기 좋은 계절이다.
황혼이 된 엄마는
배를 가르고
행복한 마음으로
돌이 삼 형제를
세상에 보내노니
잘 살아야 한다
대를 이어서

신부님

언제까지
혼자 사실 건데요?

내가 왜 혼자라요
어머님 모시고
아버님과 함께
얼마나 바쁜데요
양 떼들 보살피고
행복하길 바라며
날마다
제사 드리고
기도합니다
천주님께.

그래도
혼자 같은
신부神父님이라서.

여름의 끝자락

여름의 심통
끝을 알아서
길어도 웃었다.

그러나
내 끝은 알아도
웃지를 못하네.

3
어매 생각

종달이는 떠났다

지리지리
비리비리
예쁜 관모 쓰고
봄을 노래하던 종달이

우리 농촌 가족이 되어
보리밭에 둥지 틀고
봄 깊이 알리며
하늘 오르던 종달이

고향을 잃고
떠났습니다
멀리 떠났습니다
함께 보리밭 가꾸었던
농부도 떠났습니다
도시로.

추억 속에 그리운

노래하던 친구 생각하며
늙은 농부는
경로당에서
외롭습니다.

서리

아침나절에
밭 갈고
거름 나르는 일 마치면
점심 먹고 까막 동무들
소 타고 떼 지어
산으로 간다

고삐 풀린 소들은
산기슭 오내리며
마음껏 풀을 뜯고
석양빛 기울면
음무우
새끼 부르며 집으로 가잔다

그 사이 아이들은
여름엔
감자 서리
가을엔

콩서리 밀 서리 신이 나

손과 입은
숯검정 돼도
정신없이 먹다 보면
들일 가시던 어른들도
'많이 먹으면 똥 싼다' 하시며
함께 자신다.

기도의 자세

기도의 중심은
낮은 데 있다.
나는 당신의 피조물
항상 주님의 은총 중에 있나이다.

납작 엎드린
가장 낮은 자세
그곳에
주님이 계신다.

새밭골 한두미 마을

소백산 비로봉
서쪽으로
내린 물이

어의곡
원시의 풍광
골골이 꾸며놓고

새밭골
한드미 마을
가금 소리
흥겹다.

가을 소리

무겁고 지루하던
긴 여름밤
성큼 다가선
가을 소리에
다시 그리워할
계절이 됐네
그 밤

아스라이 하늘 저편
기러기 날고
들녘은 풍성하게
바심하기 바쁘다.

들찬 연인들 배낭 메고
행복하게 새물거리며 산을 찾는다
숲정이 뛰고 놀며 가댁질하던 아이들
메숲진 밤나무골에 아람 줍기 즐겁다
당나무 밑 늘자리에 노파리 신은 어르신들
옛이야기 그래 그렇지 하며
해 지는 줄 모르시네.

엄마의 거짓말

가난한 세월
살고 가신 우리 엄마

맛있는 것 생기면
나는 그런 것
잘 안 먹어
맛있어?
많이 먹어

음식이 모자라면
엄마는 안 먹어도 돼
배고프지?
천천히
잘 씹어 먹어

엄마의 거짓말
백발이 된
이 아이는
이제사 철이 들어
엄마를 그리며 훌쩍입니다.

옛 노인 부부 사랑

사랑한다는 말!

젊어서는
부끄러워 못 했고
늙어서는
쑥스러워 못 했지

사랑한다는 말!

들어보지도 못하고
해보지도 못한 채
마른 통나무 등걸이 되어

보아도 못 본 체
들어도 못 들은 체
그래도
부부로
말없이 살고 있다

깊고 깊은
속마음은
뜨겁고 질긴 것을
알고 있기 때문에

회고懷古

별난 더위에
붕어 눈이 되어
좌우로 뒤척이며 잠을 청하다
한밤의 고운 님을
창틈으로 만났다.

실낱처럼 스며든
달빛에 젖어
내 영혼 휘적휘적
옛 길을 헤맨다.

포근히 말 한 번 못 하고
가슴만 두근두근
바보처럼 맴돌다 놓쳐버린
첫사랑 순이 생각.

곱고 순진해서
선녀 같던 마누라

백년해로 약속하며
첫사랑 나눈 생각

아련히 꿈결 속에
허둥대며 살아온
일들
……
밖이 시끄러워
눈떠보니
마누라
밥상 차려놓고 앉아있다.

정방폭포

즈믄 길
내리박히며
몇 골 년을 쏟았을까
반짝이는
물줄기

일곱색 하늘길로
선녀들 오르내리는
저
윗동네에는
누가 살고 있을까

한라산 백록담에
흰 사슴이 신령스럽고
만학 천봉 골골에는
진시황이 애써 찾던
불로초가 살겠지

주말농장

엄마는 알뜰히
아빠는 힘차게
아이들은 시끄럽게
온 가족이 웃으며
일하고 즐기는 내 땅

내 손으로 터를 닦고
속내대로 씨를 뿌려
새싹이 돋아나
파릇파릇 크는 모습
너무도 신기하고
귀엽고 보람차다.

날만 새면 보고 웃고
비만 오면 달려가고
온종일 농장 생각에
하루해가 즐겁다.

고향 마을

앞산의 갈참나무
　봄들처럼 일렁이고
진달래밭 꽃불 붙어
　온 산이 타오르면
먹어도
　먹어도 허기진
꽃 따먹으며 놀던 산

배고파도 즐거웠고
　못 입어도 행복했던
잊지 못할 내 고향이
　빈집들만 쓸쓸하네
그립다
　죽마고우들
언제 다시 만나볼까

인심 좋던 덕산댁
　그늘 좋던 떡감나무

주인 없이 그냥 달린
　발간 홍시 대롱대롱
고향은
　키워준 사랑
영원한 내 어머니

외로움

축 늘어진
칠월

나뭇잎도 늘어지고
사람도 늘어져
인적이 뜸한
한낮
말매미 울음소리만 요란하다.

모두가
산 찾아
물 찾아 떠나고.

버려진 노인이
버려진 강아지를 안고
당나무 밑에서
졸고 있다.

촛불 시위

춤추고 노래하고
밤 깊도록 두드리며
비단결 말솜씨로
양놈들이
미친 쇠고기
무더기로 들여왔다
먹으면 병들고
뇌에 구멍 뚫어져
미친 소처럼 죽는다.

순진한 시민들
가뭇 사위詐僞에
잉걸불처럼 성이 났다
그 촛불
천사의 미소도
악마의 저주도
함께
나풀거리는
양귀비꽃 춤사위

자작나무숲

하늘 향해 죽죽 뻗은
순백의 숲
훨훨 흰 눈 내리니
어이 그리 아름답고
정겨운지요.

흰옷 입은 군상이
행복하고 평화롭게
흰 눈 반기며
살고 있는 저 모습

흰색 무명 두루막에
큰 갓 쓰시고
나들이하시던 아배
저 군상 앞에 오시는 듯
발꿈치 돋우고
살펴봅니다.

깊이와 높이

얼마나 들어가야
끝이 보이나
당신의 사랑

얼마나 내려가야
발이 닿나
당신의 겸손

주님이 주시는 사랑
깊이가 끝이 없다.

얼마나 올라가야
만족하나
당신의 욕심

얼마나 솟아야
끝이 보이나
당신의 야망

인간의 욕망
높이가 끝이 없다.

오내리는 정情 중에서

꽃
봄비 타고
남으로
올라오고
예쁜 잎새
물방울 물고
나풀거리면

꽃 몸살
님의 향기
그리운 정
사랑이 움트고
희망이
별처럼 익어간다.

단풍
갈바람에 물들어
북으로
내려오고
열매 알알이 영글며

하늘 저편
기러기 날면

서글픈 정
떠나고픈 마음
세월과 함께
흘러간 인생
조용히 돌아보며
한 계단 성숙한다.

오내리는 정情 중에서
올해도
작년에도
저 저… 작년에도
우리는 그렇게
살아왔고
살고 있다
오늘을…

모자

너는 항상
가장 높은 자리에서
내려다보고 있어
더 높은 분 있는 줄
모르고 있지!

바람 불면
가장 먼저
바람 맞아야 하고
눈비 오면
가장 먼저
눈비 맞아야 하는
힘들고 어려운
높은 자리

그러나
모자
벗기면 가장 낮은 자리다

윗자리에 있을 때
아래를 생각하고
비바람 몰아칠 때 정성껏 막아주어
아래 있는 몸이 곧
주인인 줄 알아야지

대소쿠리

동네 꼬막 친구들과
자치기
구슬치기
땅 따먹기 놀이하며
신나게 놀다가

마당에 들어서며
엄마 부르면
우리 엄마 뒤꼍에서
빙그레 웃으시며
왜 배고프냐 하시고
처마 밑에 달아놓은 대소쿠리에
보리밥
한 주걱 빚어주시면
때 묻은 손으로
받아먹던 그 맛
어이 그리 맛있고 즐거웠을까
어머님
그립습니다
고맙습니다

거울 속에 비친 내 얼굴

많이 본 듯도 하다만
내가 찾는 얼굴은 아닌가 싶다

눈썹은 범나방처럼 까맣고
이마는 훤하게 반들거리고
두 눈은 별처럼 총명하고
두 뺨은 볼그레 생기 넘치고
입술은 불그레 이글거리고
머리털은 새까맣게 반짝거리던
그 사람을 찾는데

눈썹은 귀신처럼 하아얗고
이마는 시들어져 뻰드기 같고
두 뺨은 꺼먹꺼먹 검버섯 피고
입술은 검푸르게 벌어졌으니
저것이 진정 내 모습인가

거울 속의 저 얼굴
자세히 보아라
그때
그 사람 맞지?

어매 생각

좋은 옷 입어도
어매* 생각
맛있는 것 먹어도
어매 생각
허름한
무명옷 입으시고
나물죽 자시던
우리 어매 생각하면
눈물이 쏟아진다.

여행 가도
어매 생각
영화를 봐도
어매 생각
부엌과 마당만 아시던
우리 어매
무당춤 즐기시던
우리 어매 생각하면

가슴이 메고
대성통곡하고 싶다.

꽃이 피어도 어매 생각
눈이 내려도 어매 생각
자욱마다 어매 그리워
밝은 달 쳐다보며
어매를 부릅니다.

* 어머니의 경상도 사투리

끝이 보이는 신우회信友會*

— 마지아 형제*를 생각하며

주거리로 모여
기도하다가
형편 따라 이리저리
헤어졌으나
신앙으로 맺은 형제
사랑이 되어
달거리로 모인 정이
반백년에 가까워

그동안 먼저 떠난
형제도 많고
골골이 성지순례
가족동반 친목여행
겹겹이 쌓인 우애
영원할 줄 알았더니
끝이 보여 슬프네요

마음은 예이련만
몸은 늙어 노인이다
즐기던 놀이도 그만
달거리도 못 나오고
먼 산 보고 앉았다니
친구야 주님의 뜻이다
함께 계신 주님 믿고
웃으며 준비하자

* 가톨릭교 교수들이 모여서 만든 친목단체 , 46년 된 단체며 지금도 하고 있음.

** 임종이 가까워 보이던 40여 년 신앙으로 사귄 친구

4

봉춘노심逢春老心

2012 임진년 원단元旦

하늘이 꿈틀인다
붉은 해가 솟는다
사백이십 주기 돌아
다시 밝은 그 태양
님들의
붉은 충정을
서광曙光으로 비추시네

강산에 뿌리신 피는
겨레의 삶터 되고
통한의 피눈물은
민족의 넋이 되어
영원한
배달민족의
역사로 이어가네

행주산성 여인들이
앞치마로 돌 나르고

진주 남강 푸른 물에
옥가락지 붉은 정신
받들어
꽃피워야 한다
내 조국 대한민국

아주 작은 하얀 나비 한 마리

— 울다 맞아 죽은 어린 영혼을 생각하며

하얀 나비야
너는 어이 잔디밭을
짝도 없이 혼자서
쉬지 않고 나풀거리나
뛰며 크는 어린이처럼

울다가 맞아 죽은
슬픈 어린 영혼이
환생한 듯하구나
엄마가 보고파서

네가 할 수 있는 말은
울음뿐이었는데
말하다 맞아 죽은
어린 슬픈 영혼아

나도 어이할 수 없어
눈물이 난다
다음 세상 천당에서
마음대로 울어라
행복하게 웃어라

고비

고로쇠나무 물오르고
망울 부푼 진달래밭을
산새들 오내리며 사랑 나누는
길목

바닥난 쌀 단지를
몇 번이나 들여다보며
때 걱정하시던
엄마

물오른 솔 껍질로
풋나물 칡뿌리로
목숨을 붙들었던
첫 봄

버려져 서러웠던
삼십육 년 보릿고개
넘겼다 생사의
고비

못 잊어 서럽구나.

하중도河中島의 사계절

금호강 가운데
절로 생긴
작은 섬
하중도.

봄이면 유채꽃
노랗게 섬을 덮어
저마다 봄을 안고
밤 가는 줄 모른다

여름밤 강바람이
청보리밭 일렁이면
청춘들 쌍쌍이
기타 소리 아름답다

높고 맑은 가을 하늘
별들이 쏟아지면
코스모스 꽃길은

부인들이 시끄럽다

겨울이면 눈 덮인
쓸쓸한 작은 섬
차가운 달빛 아래
혼자 외롭다

울치재*

어매**
밤새워 지은
옥색치마 분홍저고리
비단옷 차려입고

아배***
정해 주신
걸때 큰
남자 따라
끝님이 울며
넘었던 고개

십칠 년 자라면서
쌀 한 말 못 먹고
감자떡 옥수수죽으로
꽃이 된 끝님이
눈물 흘리며
시집갔던 울치재

산 넘어 산
골 건너 골
보이는 건 숲이요
고개 드니 하늘이다
엄마의 엄마들이
살아오신 옛이야기
울치재 산새들도
아는 듯이 지저귄다

* 경북 영양군 영양읍 하품산 서읍령(울치재)
** 어머니의 경상도 지방 말
*** 아버지의 경상도 지방 말

노인이 되고 보니

고희古稀!
머언
돌길을 걸어온
빛바랜 초상

젊어서는 철없이
다툼질했고
울 되곤
품고 기르기 겨워
나도 잃었다

그리고
노인이 되고 보니
강변의 갯돌이 되어
삶의 물결에 닳아
작아져 간다

물방개

뱅뱅
물을 안고
돌고 도는 물방개

빙빙
맷돌 안고
돌고 도는 연자방아

뱅글뱅글
매를 맞고
돌고 도는 나무팽이

서광 낙조
해를 안고
돌고 도는 지구 밤낮

나고 죽고
울고 웃는
인생살이 물방개라

고속도로

땅
꼬리 쳐들고
달리는 경마처럼

짐을 지고 와르릉
흥을 품고 부르릉
님을 안고 보르릉
사랑 찾아 소르릉

우렁찬 대동맥의 고동
쉼 없이 흐르는 핏줄
상쾌한 시동 해와 달을 즐기며
돌아온 창 너머로 웃음꽃 핀다

그 흐름
그만도 없고
끝도 없다

2018 평창올림픽

참으로
평화롭고 즐거워
온 누리가 한마당이다

군말 없이 따르는
질서가 있고
있는 힘 다하는
겨룸이 있고
놀라운 온갖 재주에
감탄이 있고
맺음에 웃고 우는
평화가 있었다

눈 속에 피는 꽃
땅 주인들아
그 꽃 꺾지 말고
온 들에 피우소

춘분 서설瑞雪

산과 들이 하나 되어
낮이 더 길어진
춘분

복수초
흰 이불 덮고
밤이 긴 줄 알겠다

산수유
하얀 스카프 쓰고
틈새로
노랗게 웃고 있다

옥매화
그대도 뜰 앞에서
흰 고깔 쓰고
봄을 춤추고 있네

남으로 꽃소식 들려
영춘의 꿈 설레었더니
어인 서설 이리도 많아
꽃보다 평화로운
설원에 잠긴다

하얀 강아지 한 마리

물안개 스치는 강바람 타고
갈잎의 고금 소리 금호강 변에
움막 치고 세월 낚는 새 주인 만난
하얀 강아지* 한 마리

오늘도
내가 걷는 시간이 되면
먼 길을 혼자서 나풀거리며
뭔가를 찾으면서 갔다가 온다
아무리 불러도 못 본채 간다

아마도 옛 주인과 놀던 그 길을
못 잊어 그 사람 찾아가나 봐
날마다 날마다 찾는 그 사람
널 버린 그 사람 못 잊어 찾나

* 무태 동변동에서 버려진 강아지. 낚시꾼이 거두어 기르고 있음. 개 종류는 푸들, 이름은 무태

송아지 울음소리

음매에
음매에에

너 울음소리
왜 그리
슬프게 들리나

오늘 아침
트럭에 실려 떠나며
음 무 우
걱정스런 모습으로
너를 찾던 엄마 소
그 모습 본 것이
후회스럽구나

逢春老心봉춘노심

不寒未署臨良辰 불한미서임양신
捲箔遠望花田嶺 권박원망화전령
長空駕雲飛金鳥 장공가운비금조
莊叟春心尙餘情 장수춘심상여정

봄을 만난 늙은이 마음

춥도 덥도 아니한 좋은 때를 만나
발 걷고 멀리 꽃밭 등 바라본다
높은 하늘 구름 타고 비행기 날아가니
늙은이 봄마음에도 그리운 정 남아있네

왕버들 나무

검은 용이
똬리를 틀고 앉은
밑동이
너무 엄숙해서

왕이로구나!
천 년의 역사가
꿈틀거렸다

그리고
퉁방울 눈
부릅뜨고
하늘로 치솟은
검은 용머리 위에는

몇 줄기
가냘픈 가지
봄을 알린다
이렇게 왕손은 영속되는 거

눈 내리던 날

흩날린
은백의 세계

하늘이여
여기에서
더 무엇을 바라리까!

조용히
눈 감으며
두 팔 벌려 기도한다
'신이여
 이 신비 영원하소서'

엄마 사랑

엄마 사랑은
바보 사랑
속아도 웃어요

엄마 사랑은
주는 사랑
받을 줄 몰라요

엄마 사랑은
삼손 사랑
힘드는 줄 몰라요

엄마 사랑은
생명줄
영원히 살아있어요

어린이 놀이터

신나게 달리던 자전거
길 위에 누워 있고

먼저 타겠다 다투던 그네
정신 잃고 멀거니 매달려 있다

몸무게 다투던 시소
비스듬히 누워서 할 일 없어 보이고

조그마한 신발 한 짝
버려져 있다

밥 먹자는 엄마 목소리에
미련 없이 버리고 떠난
천사들의 놀이터

티 없이 자라는 그 모습
하도 귀여워
버린 신짝 주워들고
행복하게 웃는다

낙조를 보고 있는 노인

잘 다듬어진
금호강 변 공원에 앉아
함지산 너머로 몸을 감추는
낙조를 보고 있다
아쉬운 맘으로

또 한 번
하루해 서산을 넘어
내 마음 허둥대며
강물 따라 휘청인다

오늘 지는 저 해는
내일 또 뜨겠지만
내 인생 어이하랴
가고 아니 오거늘!

지는 해 보지 말고
돋는 해 기다리며
그래도 가보자
남은 시간 있잖아

그때가 즐거웠다

가난했던 그 시절
앞 냇물에 멱감고
열매 따 먹고 배 채웠던
그때가
즐거웠다

먼 길 걸어 학교 다니고
소먹이고 서리하며
꼴 뜯으며 공부했던
그때가
즐거웠다

교복 입고 으스대며
기차 타고 다니면서
여학생 웃음에는 수줍어했던
그때가
즐거웠다

잠시도 쉴 틈 없이
학교 가고 학원 가고
경쟁에 뒤질세라
인정 없는 친구들
지금이
　즐거울까!

□ 해설

기억을 다면의 거울로 비춰낸 연조의 미학

박 윤 배 | 시인, 문장 편집주간

<1>

김상락 시인의 시는 자못 고요하고 여유롭다. 동화천 다리 밑에 살고 있는 창로蒼鷺 백로白鷺가 그러하듯 긴 목을 들어 올려 먼 곳을 보고 있다. 기실 그것은 먼 무언가를 바라보는 것이 아니라 이미 눈 안에 저장된 기억의 다양한 순간들을 음미하고 있는지도 모른다. 그렇다고 아주 현실의 생을 외면하려는 것은 더더욱 아니다. 물 아래 몰려다니는 물고기들의 파장을 다리에 와 닿는 감각만으로 다 알고 있는지도 모른다. 욕망의 먹이에 급급하지 않는 꼿꼿한 자세가 '너를 보는 내 마음도 물 따라 여유롭다.'라는 직관 하나를 얻고 말았으니, 시인이 연조를 통해 그려내는 그림은 사실인 것 같지만 사실 너머의 이상적인 세계의 또 다른 그림이라고도 볼 수 있다. 사람의 기억이라는 것은 늘 상황에 따라 조작

되는 경우가 많고 자신이 필요한 부분만 발췌해서 기억하고 싶은 게 인간의 기본 심리이다 보니, 아마도 김상락 시인이 꺼내놓은 기억의 전모도 서로 다른 기억의 융합이거나 현실이라는 거울의 상태에 따라 의미가 달라진 또 다른 창조의 실체일 수도 있다. 이처럼 김상락 시인이 과거의 창고에서 데려온 상관물들은 다분히 과거가 아닌 현재의 반영물인 것이다.

<2>

다면의 거울을 가지고 김상락 시인은 한 권의 시집 안에서 자신의 미학 세계를 언어의 형식으로 묘사하거나 진술하는데, 접근 방식을 나누자면 네 개의 시점을 두고 있다. 그 첫 번째는 순수한 감정을 중용으로 다스리는 일련의 겸손한 진술 방식이다. 어린 시절을 보낸 농경사회 속에서의 풋풋한 기억들, 자연에서 마주친 나무며 새며 여러 가지 자연적인 등가물들, 그리고 가족사적인 친밀감들, 친구들과의 놀이기억을 다룬 시가 그렇다. 「호곡조」 「들국화」 「동짓날」 「달맞이 꽃동네」 「낮달」 「인생살이 별거 있나」 「백목련」 「창로 백로」 「자성」 「큰형님」 「우리 같이 가봅시다 그곳으로」 「밤송이」 「여름의 끝자락」 「서리」 「새밭골 한두미 마을」 「가을소리」 「주말 농장」 「고향마을」 「자작나무 숲」 「오내리는 정 중에서」 「거울 속에 비친 내 얼굴」 「물방개」 「고

속도로」「춘분 서설」「낙조를 보고 있는 노인」「그때가 즐거웠다」가 그렇다.

두 번째는 모성으로의 귀향 의식이다. 모성의 다른 말은 효이며 어머니를 향한 끝없는 그리움의 드러냄인데, 그만이 가지고 있는 기억 속 어머니는 너무나 어렵고 힘든 일제 강점기와 육이오라는 시대적 배경을 통해서 나타나는 어머니이고 가난 속에서 성장한 자신의 모습 속에서 사랑과 온정의 기억으로 자리매김한 어머니다. 뼛 속 깊이 사무친 못 잊을 삶의 편린을 시라고 자서에서 밝힌 그는 그 시의 중심에 어머니를 매개물로 환치하고 있음을 시집에 등재된 시들의 면면에서도 고스란히 드러내고 있다.

「목화」「엄마의 거짓말」「대소쿠리」「어매 생각」「아주 작은 하얀 나비 한 마리」「고비」「울치재」「송아지 울음소리」「엄마사랑」「어린이 놀이터」 제하의 시들이 대표적으로 어머니를 그리워하는 시들이다. 또한 어머니에 대한 그리움은 그가 쓴 종교적 색채의 시들「비나이다 성모님」「기도의 자세」「신부님」「성모님상 앞에서」「깊이와 높이」「눈 내리던 날」 등도 어머니=성모마리아의 같은 선상에서 마음을 기대고 얻은 안식의 시일 것이다.

세 번째 그의 거울은 농경사회에서 산업사회로 그리고 4차 산업혁명 시대라 불리는 현대사회에 이르기까지 갈아타야 했을 삶의 가치관과 그때마다의 갈등과 번민 등은 그가 가지고 있는 기억 속의 정서로는 아득했을 순간들을 기록한 시가 세 번째의 거울로 시집 안에 고스란히 자리 잡고 있다. 변모하는 문명 앞에 서 있는 자신을 함께 거울 속에 비춰 넣고 반성의 언어 혹은 몸짓을 드러내는가 하면 비판적인 시각을 시의 말투를 빌어 투영하는 경우도 종종 있다. 살아온 연조가 긴 만큼 어쩌면 당연한 일이다. 시 「누룽지 환상」 「빈 둥지」 「사람을 만나 사람 됐다」 「엄마의 평화」 「검정고무신」 「길에서 만난 사람들」 「인품」 「옛 노인의 부부 사랑」 「회고」 「촛불시위」 「모자」 「하얀 강아지 한 마리」가 그러한 경향을 띤다.

네 번째로 그의 거울은 애국적 정서가 담긴 국가관이다. 한 개인의 시국에 대한 고민과 국가에 대한 연민이라 치부할 수도 있지만, 지식인으로 오랜 세월 살아오며 쌓인 그의 나라 사랑은 단순하거나 막연하지가 않다. 가슴의 밑바닥에 어린아이가 천사로 각인되어있는 그의 따듯한 감성은 지난 역사 속에서 예를 가져와 현실의 정치현상을 조망하기도 한다, 다음 제하의 시들이 그런 경향이다.

시 「엄마 게의 눈」 「강아지의 슬픔」 「포곡조」 「우리 역사 꼭 알아야 한다」 「파리 한 마리」 「스마트폰과 나」 「반죽」 「지하철 풍경」 「외로움」 「촛불시위」 「2012 임진

년 원단」「2018 평창올림픽」「왕버들나무」가 그렇게 읽힌다.

<3>

이렇듯 연조가 깊은 한 시인의 첫 시집을 두고 네 가지 유형별 분류를 하는 것은 사실 어떤 의미도 없다. 단지 한 사람이 오랜 기간 썼을 시들이 한 권의 시집 안에 들어간다는 것은 시각의 다변화를 통해 시인 김상락이 어떤 사람이며 그가 꿈꾸는 세계가 어떻게 완성되고 있는가를 입체적으로 살피는 단초를 제공하는 정도인 것이다. 이 집은 그의 개인의 역사이며 후세에 그가 이 지구상에 그것도 한반도에 살다간 기록이기 때문에 누군가 한 시인의 흔적을 읽어내는 데 가감 없이 도움이 되고자 나누어본 것이다. 본인이 애착을 가지는 한 편의 시를 고른다면 아마도 시집 표제일 가능성이 크다. 그러나 위의 네 가지 유형별 분류를 뭉뚱그려 시인의 정신과 사상의 근저에 가장 닿아 있는 한 편의 시를 고르라면 다음 시가 대표시가 아닌가 싶다.

겨울은 싸야 하고
여름은 벗어야 해서
반은 벗은 채로
한더위를 이기려고
가람봉 숲속을

허위적 오르다가
중생이 즐겁게
식사하는 모습을 봤다.

어쩌다 목숨을 잃은
두더지 한 마리를
한 치의 양보 없이
벌 떼와 왕개미 떼는
물어뜯고
똥파리 떼들은
빨아서
잠시 동안에 식사를 끝내고
앙상하게 남은
뼈 위에
나비 한 마리가
남은 살을 빨고 있었다
중생을 위한
거룩한 헌신이었다.

눈앞에
쇠파리 떼가
귀찮도록 덤볐다
살아있는 내 살을
죽은
두더지처럼 빨려고.

– 김상락 시 「헌신」 전문

위 시는 가람봉이라는 상징적인 장소를 두고 중생들의 식사하는 모습을 빗대고 있다. 주검은 두더지이고 그 두더지는 어쩌면 헌신의 대상일 수 있다. 달려들어 파먹고 생명을 연장하는 벌 떼와 왕개미 떼는 또 뭔가? 그 다음은 앙상하게 남은 뼈다. 그러나 그 뼈와 남은 살점조차 나비가 빨고 있다니, 관찰 방법이 다분히 마르셀 뒤샹의 시간적 나열에 의한 연속촬영의 과정을 보는 듯, 이러한 시각은 죽음의 현장을 형상화하는 데 생생한 실감을 주기에 충분하다. 그 뒤를 받치는 문장 '중생을 위한/ 거룩한 헌신이었다.'가 결국 그가 찾아낸 직관에 다름 아니며, 마지막 연 '눈앞에 / 쇠파리 떼가 / 귀찮도록 덤볐다/ 살아있는 내 살을 / 죽은 / 두더지처럼 빨려고.' 는 무관하지 않은 자신을 대비시킴으로써 '처럼'의 직유가 살아있는 직유로 커다란 힘을 얻기에 살아있는 내가 더 절실해지는 순간이다.

<4>

한 권 분량의 시를 놓고 평자에게 좋은 시 한 편을 찾아내게 해준 시인은 시집을 세상에 내어놓는 데 당당해져도 좋겠다는 생각을 해본다. 김상락 시인이 그렇다. 약력에서 얼핏 보았듯이 연조가 깊은 시인이고 그간 아껴온 시들을 모아 출판하는 첫 시집이다. 보통 다수의

시집을 출간한 시인들은 한편 안에서 시의 일관성을 추구하는 데 비해 이분처럼 오래 참았다가 내는 시집은 시의 갈래가 다양할 수밖에 없다. 살아온 시대가 시의 배경에서 각각 다르게 작용할 뿐만 아니라 가치관이나 인생관도 긴 세월을 살다 보면 바뀌는 것이 아니겠는가. 그렇지만 일관되게 시인의 시에 흐르는 인품은 그대로인 것 같다. 김상락 시인은 따듯하다. 시가 따듯하고 자신의 감정을 행동으로 잘 드러내진 않아도 은근히 따듯하다. 춥고 어렵고 서럽고 아픈 세월을 건너온 한 시인의 시 전편을 읽다가 발견한 것은 사람이 어떻게 살아야 하는가? 시인의 한 모습이 혹은 나의 한 모습이 이러해도 좋겠다는 생각에 잠시 머문다. 시 「죽굴도 노부부」가 그렇고 「옛 노인 부부 사랑」이 그렇다.

버려진 노인이
버려진 강아지를 안고
당나무 밑에서
졸고 있다.

– 김상락 시 「외로움」 부분

요즘 어떻게 지내나!
졸리면 잠자고
배고프면 주워 먹고
똥 싸고

오줌 싸고
할 일 없으면
걷지
그것도 사는 거냐?

– 김상락 시 「인생살이 별거 있나」 부분

잠든 남편
잠 깨울까
소리 없이 정리하고
아이들 잠재운 뒤
품에 안긴 아내처럼
정숙한 구절초.

– 김상락 시 「들국화」 부분

나열한 위 시의 부분들이 주는 정서 역시 따듯하다. 김상락 시인의 시를 읽는 많은 사람들은 시인이 파놓은 동굴에 들어 아늑한 기억 속에 잠길 것이다. 그리고는 자신의 재발견과 함께 시인이 꿈꾸고 기록한 경험 언어들을 통해 나는 어떻게 살면 좋을까 등등의 미래를 설계하는 데 얼마간의 보탬이 되기를 기대해본다. 동화천 아래 살고 있는 창로 백로의 먼 곳을 응시하는 눈 속에 저장되어 있는 기억의 시들을 형상화로 꺼내, 읽을 기회를 준 시인의 연조 깊은 거울에 고마운 마음을 보탠다. (*)

■ 후기後記

1934년 의성군 출생이다.

나는 어릴 때 학교 선생님을 하늘같이 높으신 분으로 보고 존경했다. 중3이 되어 철이 들면서 나도 꼭 학교 선생님이 되어 보겠다는 높고 큰 꿈을 안고 공부했다. 그 결과 안동 사범학교를 졸업하고 서울 문리사대 국어국문학과 2년을 졸업했으며 국어과 중등교사 자격 검정고시에도 합격했다. 그리고 선생님이 되어서 초등학교에서 어린이들과 같이 뛰고 가르치며 십일 년, 중등학교에서 청소년들과 어울려 이십팔 년 구 개월을 국어를 가르치며 꿈같은 세월을 살았다.

이렇게 약 사십 년을 교직을 천직으로 생각하고 살다보니 가족도 늘고 내 나이도 초로가 돼서 1999년에 정년퇴직을 하고 퇴직한 그달부터 대구향교 명륜당 경전연구반에 들어가 사서삼경 제자백가를 십칠 년을 공부하였더니 나도 시를 써 보고 싶은 생각이 났다.

그동안 국어 공부를 하며 시에 대한 기초 지식은

그런대로 이루어졌으니까 늦지마는 해보자는 생각으로 부지런히 서점을 드나들며 시집을 사서 읽고 습작을 여러 편 썼으나 평가받을 방법이 없었다.

그러던 중 우연히 ≪현대문학사조≫ 계간 잡지를 접하고 시 작품 세 편을 보냈더니 심사위원이신 최규판, 장희구 교수님이 늙었다고 버리지 않고 내 작품을 신인상으로 간택하시고 등단시켜주시니 영광스럽고 감사합니다.

남은 시간 많지 않지만 그래도 그 남은 시간 부지런히 소중히 써서 내 삶의 영감을 시로 승화시킨 작품을 쓰도록 노력하겠습니다. 많이 격려해주시고 사랑해주시기 바랍니다.

끝으로 첫 시집을 내기 위하여 물심양면으로 애를 많이 쓴 맏사위 내외와 동민이 동현이에게 고마운 마음을 전한다.

2018년 5월

저자 김 상 락